# ¿QUÉ SON LOS TRABAJOS E INGRESOS?

MARCIA AMIDON LÜSTED

Britannica
Educational Publishing

IN ASSOCIATION WITH

ROSEN
EDUCATIONAL SERVICES

Published in 2017 by Britannica Educational Publishing (a trademark of Encyclopædia Britannica, Inc.) in association with The Rosen Publishing Group, Inc.
29 East 21st Street, New York, NY 10010

To see additional Britannica Educational Publishing titles, go to rosenpublishing.com.

First Edition

**Britannica Educational Publishing**
J.E. Luebering: Director, Core Reference Group
Mary Rose McCudden: Editor, Britannica Student Encyclopedia

**Rosen Publishing**
Nathalie Beullens-Maoui: Editorial Director, Spanish
Ana María García: Translator
Heather Moore Niver: Editor
Nelson Sá: Art Director
Brian Garvey: Designer
Cindy Reiman: Photography Manager
Heather Moore Niver: Photo Researcher

Cataloging-in-Publication Data
Names: Lusted, Marcia Amidon, author.
Title: ¿Qué son los trabajos e ingresos? / Marcia Amidon Lusted, translated by Ana Garcia.
Description: First edition. | New York : Britannica Educational Publishing in
association with Rosen Educational Services, 2017. | Series: Conozcamos nuestra economía | Includes bibliographical references and index.
Identifiers: ISBN 9781508102540 (library bound : alk. paper) | ISBN 9781508102526 (pbk. : alk. paper) | ISBN 9781508102533 (6-pack : alk. paper)
Subjects: LCSH: Labor market—Juvenile literature. | Employment (Economic theory)—Juvenile literature. | Occupations—Juvenile literature. | Economics—Juvenile literature.
Classification: LCC HD5706 .L876 2016 | DDC 331.1—dc23

*Manufactured in the United States of America*

Photo Credits: Cover, interior pages background image mangostock/Shutterstock.com; p. 4 Kris Timken/Blend Images/Getty Images; p. 5 Goodluz/Shutterstock.com; p. 6 © iStockphoto.com/BraunS; p. 7 © iStockphoto.com/sshepard; p. 8 Teodora D/Shutterstock.com; p. 9 Monty Rakusen/Cultura/Getty Images; p. 10 © iStockphoto.com/RyanJLane; p. 11 © iStockphoto.com/monkeybusinessimages; p. 12 Monkey Business Images/Shutterstock.com; p. 13 Hero Images/Getty Images; p. 14 © iStockphoto.com/Susan Chiang; p. 15 © iStockphoto.com/Pamela Moore; p. 16 Alys Tomlinson/Cultura/Getty Images; p. 17 Kevin Trageser/The Image Bank/Getty Images; p. 18 Cultura RM Exclusive/Seb Oliver/Cultura Exclusive/Getty Images; p. 19 Kathrin Ziegler/Taxi/Getty Images; p. 20 JGI/Tom Grill/Blend Images/Getty Images; p. 20 Guido Mieth/Moment Select/Getty Images; p. 22 U.S. Navy/Getty Images; p. 23 © iStockphoto.com/mediaphotos; p. 24 © iStockphoto.com/Yuri Arcurs; p. 25 Goodluz/Shutterstock.com; p. 26 mangostock/Shutterstock.com; p. 27 racorn/Shutterstock.com; p. 28 Morganka/Shutterstock.com; p. 29 Africa Studio/Shutterstock.com

# CONTENIDO

# Ganarse la vida

¿Qué es trabajar? La gente hace trabajos en su comunidad todos los días. Pueden ser bomberos, dependientes o maestros. Pueden cuidar niños, diseñar edificios o conducir camiones. En general, las personas reciben dinero por desempeñar sus trabajos. Otras personas, como una mamá que se queda en su casa cuidando de

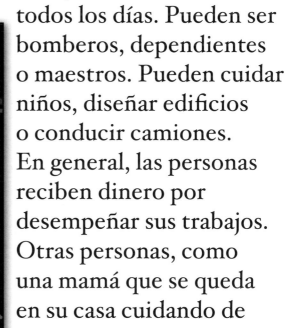

Los bomberos tienen uno de los trabajos más importantes de la comunidad.

**Compara y contrasta**

Algunas personas comienzan a trabajar y descubren que les encanta su trabajo y hacen de él una carrera profesional. ¿Qué diferencia hay entre un trabajo y una profesión? ¿En qué se parecen?

sus hijos, o personas que prestan servicios voluntarios como cuidar de los ancianos, no suelen recibir dinero. Sin embargo, todos ellos desempeñan un trabajo. Los trabajos constituyen una parte importante de la economía. La economía es todo lo referente a la fabricación, venta o uso de bienes y servicios.

Algunas personas se ofrecen de voluntarios para ayudar a los ancianos, sin esperar un pago por su ayuda.

# TRABAJOS EN LA COMUNIDAD

Toda comunidad necesita de productos y servicios que las personas proveen a través de sus trabajos. Las comunidades también necesitan el intercambio de dinero entre los que compran y los que venden. Las personas que trabajan también compran casas y pagan impuestos. Los impuestos son pagos que se hacen al gobierno. El gobierno los utiliza para construir escuelas y carreteras y facilitar servicios. La gente, gracias al trabajo, ayuda a que su comunidad, e incluso su país,

Las familias de una comunidad necesitan tener trabajos para poder pagar impuestos y comprar cosas. Esto ayuda a que la comunidad funcione.

funcionen.

A veces no hay suficientes puestos de trabajo para todos los miembros de una comunidad. Las tiendas cierran si la gente no tiene dinero para comprar cosas. Sin un saldo de compra y venta, la comunidad no puede tener una buena economía. Si son menos las personas que pagan impuestos, la comunidad debe recortar servicios como los bomberos o la policía. Los presupuestos de las escuelas también pueden verse reducidos. La gente incluso puede tener que mudarse a otro lugar en busca de trabajo.

Un **presupuesto** es un plan para el uso del dinero. Ayuda a determinar cuánto dinero puede gastar una persona y cómo gastarlo. Las familias, negocios y gobiernos utilizan presupuestos.

# El trabajo a lo largo de la historia

Las personas intercambiaban bienes, tales como leña para el fuego, por otras cosas que necesitaban.

En una época, la gente comerciaba con comida o bienes. Esto se conoce como trueque. Alguien que tenía leña, la podía intercambiar con una persona que tuviera un cerdo. La gente también podía realizar diferentes trabajos entre ellos mismos. Así el herrero podía herrar un caballo a cambio de que el carpintero reparara la puerta de entrada de su casa.

## COMPARA Y CONTRASTA

Compara el sistema de trueque con el de compra, venta y trabajo por dinero. ¿Crees que el trueque funcionaría en la actualidad? Explica por qué sí o por qué no.

Cuando se hizo más difícil poder vivir de lo que se cultivaba y se intercambiaba, la gente empezó a buscar trabajos con los que ganar dinero. Mucha gente comenzó a trabajar en fábricas. Trabajaban muchas horas por un salario bajo. Si se enfermaban, o se lesionaban en el trabajo, perdían su empleo. Finalmente el gobierno aprobó leyes para mejorar las condiciones de trabajo. Sin embargo, todavía hay trabajos en los que no se paga lo suficiente para poder vivir.

Las fábricas de hoy en día deben ofrecer un lugar de trabajo seguro para sus empleados.

# ¿QUÉ REPRESENTA UN TRABAJO?

El trabajo ayuda a las personas que lo desempeñan. Ganan el dinero que necesitan para vivir. Este dinero puede ser en efectivo, un cheque que se puede cambiar por dinero en el banco o un depósito o ingreso directamente en una cuenta bancaria. En un trabajo también se aprenden destrezas que pueden ser útiles para conseguir otros trabajos más adelante.

Algunas personas reciben cheques que cobran en un banco. Otras prefieren que les depositen directamente en su cuenta bancaria.

## CONSIDERA ESTO

Algunas personas realizan trabajos sin esperar dinero a cambio. Prestan servicios voluntarios en las escuelas, asilos de ancianos y refugios de animales. ¿Qué posibles beneficios recibe una persona que trabaja de voluntaria?

Los trabajadores aprenden cómo hacer su trabajo a través de la capacitación laboral, lo cual les enseña nuevas destrezas mientras trabajan.

Además, el hacer bien un trabajo estimula el amor propio y nos hace sentirnos orgullosos de nuestro trabajo.

Los propietarios que pagan a la gente por realizar un trabajo también reciben algo a cambio del dinero que pagan a sus empleados. Consiguen ayuda en la fabricación de los productos o en el suministro de servicios, lo que hace que sus negocios se mantengan activos y que incluso puedan crecer. Un negocio fuerte también supone que sus empleados puedan conservar sus empleos.

# BUSCAR TRABAJO

La gente necesita y quiere tener un trabajo. Pero, ¿cómo conseguirlo? Algunas personas van a la universidad o a una escuela vocacional para aprender a hacer determinados trabajos. Médicos e ingenieros cursan estudios en la universidad durante varios años para aprender a ejercer sus profesiones. Algunas personas encuentran trabajo a través de

Una **escuela vocacional** prepara a la gente para desempeñar ciertos trabajos, como maquinista, fontanero o electricista. También enseña destrezas especiales, como arreglar computadoras.

Una forma de aprender nuevas destrezas es yendo a la universidad o a una escuela vocacional.

anuncios en Internet o en periódicos y aprenden las destrezas necesarias haciendo el trabajo. Algunos empiezan su propio negocio, como una tienda, y trabajan allí.

Las personas pueden perder su trabajo si no realizan una buena labor. Si la empresa o compañía no puede pagar, los empleados también pueden quedarse sin trabajo. Esto puede crear una mala época económica. La gente sin trabajo no puede comprar bienes ni contratar servicios. Los negocios que proporcionan estos bienes y servicios, en consecuencia, tampoco podrán sobrevivir.

Ser dueño de un negocio es muy satisfactorio pero también es una gran responsabilidad.

# EDUCACIÓN Y FORMACIÓN

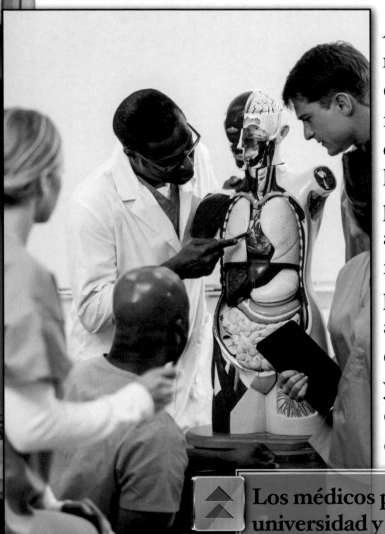

Algunos trabajos requieren muchos años de estudios en la universidad y luego formación. Un médico ha de cursar ocho años en la escuela de medicina, y posteriormente trabajar varios años más en un hospital. Un maestro va a la universidad, por lo general, durante cuatro años. Un policía debe cursar cuatro años de universidad, y luego ir a la academia de policía. Allí aprende determinadas destrezas,

Los médicos pasan muchos años en la universidad y escuela de medicina antes de poder tratar a un paciente.

**COMPARA Y CONTRASTA**

Los médicos y los abogados suelen estar mejor pagados que los maestros y los policías. ¿Son sus trabajos más importantes? Explica por qué sí o por qué no.

y recibe el entrenamiento necesario para estar en buena forma física. Incluso cuando ya se tiene trabajo, se pueden aprender cosas nuevas.

Dado que algunos trabajos requieren mucho más tiempo y formación, suelen estar mejor remunerados que otros. Las personas que los desempeñan son muy importantes para la comunidad debido a sus destrezas y conocimientos especializados. Son valiosos para la economía por los servicios que prestan.

Los cadetes de policía asisten a clases y pasan por un entrenamiento físico antes de convertirse en oficiales de policía.

# Manufactura y cultivo

Algunas personas se especializan en hacer y crear cosas, tales como los trabajos que realizan los artesanos, carpinteros, albañiles, o las personas que hacen ropa o trabajan en una fábrica de autos o computadoras.

Los granjeros también son productores. Cultivan y crían ganado para comer. También producen lana o algodón para la confección, o árboles para la construcción. También hay

Los artesanos podrían aprender su oficio trabajando con alguien que ya es experto en el área.

## CONSIDERA ESTO

Algunos fabricantes realizan trabajos que antes la gente solía hacer en casa, como cultivar la tierra o confeccionarse la ropa. ¿Piensas que hoy en día hacer este tipo de trabajos sería difícil para la mayoría de las personas? ¿Tiene que ver con el lugar donde las personas viven hoy en día?

Los pasteleros hacen pasteles y pan usando ingredientes como harina y azúcar.

productores que hacen pan o queso. Adquieren lo que los granjeros cultivan y lo transforman en productos que la gente necesita.

# ¿EN QUÉ PUEDO SERVIRLE?

Otro tipo de trabajo importante consiste en proporcionar un servicio que la gente necesita. No todo el mundo puede arreglar su auto o cortarse el pelo. Necesitan a alguien que lo haga por ellos. En un restaurante se requieren cocineros y camareros para hacer y servir la comida a los clientes. Si alguien necesita remendar un abrigo, va a una sastrería.

Los propietarios de las

Los estilistas para el cabello ofrecen un servicio que muchas personas no pueden hacer por sí mismas.

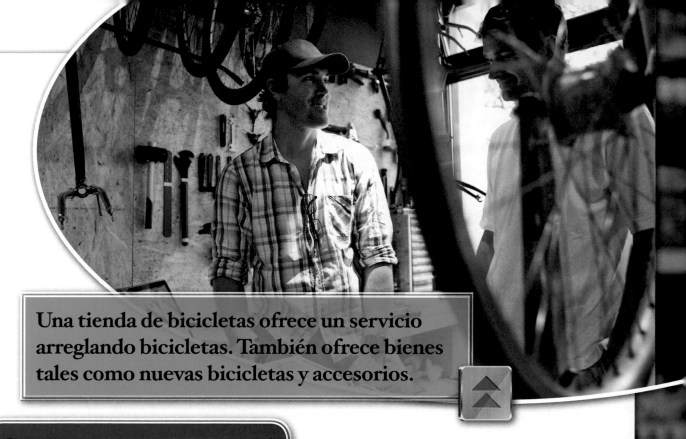

Una tienda de bicicletas ofrece un servicio arreglando bicicletas. También ofrece bienes tales como nuevas bicicletas y accesorios.

## CONSIDERA ESTO

Los camareros y peluqueras normalmente reciben propinas de sus clientes. La propina es un dinero que se da en agradecimiento por haber recibido un buen servicio. Sin embargo, otros profesionales, como los médicos y los abogados, no reciben propinas. ¿Por qué piensas que estas personas no reciben propinas?

tiendas proporcionan un servicio al vender ciertas cosas, como comida, ropa o equipo de ferretería. Las personas que hacen la limpieza, los empleados de hotel y los pintores también proporcionan servicios.

# LAS ARTES

Algunas personas tienen un talento especial para la música, el arte o la escritura. Encuentran trabajos en los que utilizan su talento. Tocan el piano, cantan, dirigen una orquesta sinfónica o tocan en una banda de rock. Otros dirigen coros

## CONSIDERA ESTO

Las estrellas de cine o cantantes famosos conocidos mundialmente ganan mucho dinero. Los artistas que trabajan dentro de su comunidad normalmente, no. ¿Por qué crees que suceda esto?

Un talentoso músico puede ganar dinero en conciertos o escribiendo música.

en la iglesia o tocan el órgano. Hay quienes pintan bonitos cuadros o hacen esculturas. Y hay quienes actúan en el teatro o en

**Los escultores son artistas que crean esculturas de arcilla, madera o piedra.**

el cine. O quizá, escriben libros, poesía o artículos en revistas.

Trabajos como estos aportan diferentes tipos de arte a la comunidad. Proporcionan algo que va más allá de las necesidades básicas del día a día. La gente que trabaja en lo relacionado con el arte puede ganar mucho dinero. Otros, no tanto, pero es importante para ellos hacer lo que les gusta.

# SERVIR AL PAÍS

Hay personas que trabajan para servir a su comunidad o a su país. Pero en este tipo de trabajos puede que la gente no viva en su comunidad. Quienes se alistan en el ejército o en la armada pueden vivir lejos de su casa. Incluso, pueden luchar en guerras y arriesgar la vida. Trabajan para proteger su casa, su estado

Cuando alguien entra en el ejército, se **alista**. Cuando lo hace, acuerda unirse a las fuerzas armadas durante un tiempo determinado.

Los hombres y mujeres que se alistan en la Marina pueden pasar años navegando lejos de su casa.

Los empleados del gobierno pueden tener empleos en el gobierno federal, estatal o local.

y su país.

Mucha gente trabaja para el gobierno. Pueden hacerlo para el gobierno de su pueblo o ciudad. Puede que sean elegidos para trabajar a nivel estatal. Algunos son elegidos para trabajar en Washington D. C. representando a su estado. También hay personas que trabajan para el gobierno en lugares como los parques nacionales.

# ¿Durante cuánto tiempo?

A algunas personas les gusta tanto su trabajo que lo desempeñan durante la mayor parte de su vida laboral, especialmente si han estudiado su carrera durante muchos años. Otros hacen diferentes trabajos quizá porque les gusta probar diferentes campos. A veces sucede que la compañía para la que trabajan ya no necesita de sus

Alguien que realmente ama su trabajo puede trabajar en el mismo lugar por muchos años.

servicios y tienen que buscar otros trabajos. Algunas empresas cesan su actividad y los empleados pierden el trabajo.

Si a la gente le gusta su trabajo, es más probable que lo conserve. Es importante saber si te gusta un trabajo antes de empezar. Por eso es conveniente pasar por un período de práctica. También hay pruebas que ayudan a saber qué clase de trabajo podemos desempeñar. Las personas que se alistan en las fuerzas armadas generalmente realizan este tipo de pruebas.

Un **período de práctica** es un trabajo temporal en una empresa. Es una oportunidad para hacer un trabajo y recibir una formación. A algunos les pagan pero a otros, no.

Un período de práctica no es solo una forma de aprender una destreza. También es una forma de probar un nuevo trabajo.

# Nuevos puestos de trabajo. Desempleo

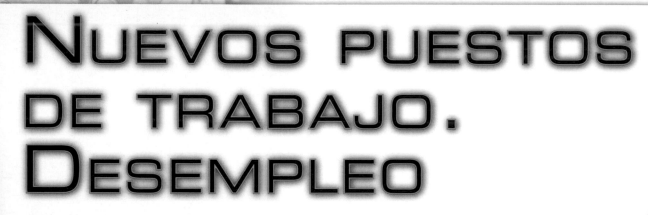

Cuando una nueva empresa se establece, necesita empleados. Esta es una forma de crear empleo. Puede contratar personas con experiencia o gente nueva que necesite formación. Las comunidades se benefician cuando los nuevos negocios contratan gente. Crear nuevos puestos de trabajo ayuda a la economía. También atrae a otras personas a vivir en la comunidad.

Una nueva empresa crea empleos porque necesita contratar a muchas personas, novatas o con experiencia.

**CONSIDERA ESTO:**

No siempre los estadounidenses contaron con la ayuda del gobierno si perdían su trabajo. ¿Por qué piensas que son buenos los subsidios de desempleo para la comunidad?

Cuando la gente pierde el empleo, puede conseguir ayuda de su comunidad o del estado. Puede recibir un *pago por desempleo.* Es un dinero que le proporciona el estado para ayudarle a pagar las cuentas hasta que consiga un nuevo trabajo. Muchas comunidades disponen de asociaciones que ayudan a conseguir trabajo, formación y a recibir una educación.

Las organizaciones de la comunidad y del estado pueden ayudar a encontrar trabajo.

# TRABAJO EN CONJUNTO

En nuestra sociedad moderna la gente no puede sobrevivir si no tiene medios de ganarse la vida. Necesitan trabajo y dinero para poder mantenerse a sí mismos y a sus familias. Las comunidades tampoco pueden sobrevivir sin el trabajo que hace la gente. Estos trabajos prestan servicios que la gente de la comunidad quiere y

Las personas necesitan dinero para sobrevivir.

**COMPARA Y CONTRASTA**

Un salario es una cantidad de dinero que se obtiene a cambio de hacer un trabajo. En otros trabajos se cobra una cantidad determinada por hora. ¿Cuál de las dos formas de pago es mejor?, ¿por qué?

Las personas y la comunidad trabajan juntas para crear una economía saludable.

necesita. También proveen los productos que las personas compran. Asimismo, ayudan a la comunidad a recaudar dinero de los impuestos.

Trabajos e ingresos van de la mano. La gente que trabaja y las comunidades en las que trabajan hacen posible una economía sana.

# Glosario

**agencia** parte del gobierno que impulsa proyectos en ciertas áreas.

**anciano** persona de edad avanzada.

**anuncio** noticia o aviso, sobre un puesto vacante en un trabajo.

**civilización** gran grupo de personas que comparte formas avanzadas de vivir y de trabajar.

**condiciones** circunstancias que afectan la manera de vivir o trabajar.

**cuenta bancaria** suma de dinero que se deposita en un banco.

**cultivo** cría de animales o plantas para consumo personal o industrial.

**depósito** dinero que se guarda en un banco para mantenerlo seguro.

**desempleo** no tener trabajo.

**despedir** echar a alguien del trabajo.

**electricista** persona que instala, opera o repara equipos eléctricos.

**elegido** escoger a alguien por votación para un puesto del gobierno, un trabajo o una asociación.

**empleado** persona que trabaja para otro por una paga o salario.

**fontanero** persona que repara y pone tuberías y grifos para la distribución del agua en un edificio.

**formación** enseñar a alguien un arte, profesión u oficio.

**función** servir para ciertos propósitos o para trabajar.

**herrero** persona que trabaja el hierro (como herrar caballos) calentándolo y luego golpeándolo con un martillo para darle forma.

**impuestos** dinero que la gente y los negocios pagan para contribuir a los gastos públicos.

**ingeniero** persona que diseña, construye o mantiene motores, máquinas u obras públicas.

**orquesta** conjunto de músicos que tocan diversos instrumentos.

**voluntario** alguien que se ofrece a hacer algo sin recibir compensación monetaria.

# Para más información

## Libros

Bozzo, Linda. *Community Helpers of the Past, Present, and Future*. New York, NY: Enslow/Bailey Books, 2010.

Bullard, Lisa. *Ella Earns Her Own Money*. Minneapolis, MN: Millbrook Press, 2013.

Callery, Sean. *Branches of the Military*. New York, NY: Scholastic Books, 2014.

Catalano, Angela. *Community Plans: Making Choices about Money in Communities*. New York, NY: Rosen Publishing, 2005.

Fischer, James. *Earning Money: Jobs*. Broomall, PA: Mason Crest, 2009.

Kalman, Bobbie. *Helpers in My Community*. New York, NY: Crabtree Publishing, 2011.

Silverstein, Alvin and Virginia Silverstein. *Poop Collectors, Armpit Sniffers, and More: The Yucky Jobs Book*. New York, NY: Enslow, 2010.

## Sitios de Internet

Debido a que los enlaces de Internet cambian a menudo, Rosen Publishing ha creado una lista de los sitios de Internet que tratan sobre el tema de este libro. Este sitio se actualiza con regularidad. Por favor, usa este enlace para ver la lista:

http://www.rosenlinks.com/ LFO/supp

# ÍNDICE

# Dear Parents:

Congratulations! Your child is taking the first steps on an exciting journey. The destination? Independent reading!

**STEP INTO READING®** will help your child get there. The program offers five steps to reading success. Each step includes fun stories and colorful art or photographs. In addition to original fiction and books with favorite characters, there are Step into Reading Non-Fiction Readers, Phonics Readers and Boxed Sets, Sticker Readers, and Comic Readers—a complete literacy program with something to interest every child.

## Learning to Read, Step by Step!

### Ready to Read    Preschool–Kindergarten
• big type and easy words • rhyme and rhythm • picture clues
For children who know the alphabet and are eager to begin reading.

### Reading with Help    Preschool–Grade 1
• basic vocabulary • short sentences • simple stories
For children who recognize familiar words and sound out new words with help.

### Reading on Your Own    Grades 1–3
• engaging characters • easy-to-follow plots • popular topics
For children who are ready to read on their own.

### Reading Paragraphs    Grades 2–3
• challenging vocabulary • short paragraphs • exciting stories
For newly independent readers who read simple sentences with confidence.

### Ready for Chapters    Grades 2–4
• chapters • longer paragraphs • full-color art
For children who want to take the plunge into chapter books but still like colorful pictures.

**STEP INTO READING®** is designed to give every child a successful reading experience. The grade levels are only guides; children will progress through the steps at their own speed, developing confidence in their reading.

Remember, a lifetime love of reading starts with a single step!

*For my mom, who I*
*believe can do anything*
*—A. J.*

Step into Reading, Random House, and the Random House colophon are registered trademarks of Random House LLC.

Visit us on the Web!
StepIntoReading.com
randomhousekids.com

Educators and librarians, for a variety of teaching tools, visit us at RHTeachersLibrarians.com

ISBN 978-0-7364-3341-9 (trade) — ISBN 978-0-7364-8223-3 (lib. bdg.)
ISBN 978-0-7364-3340-2 (ebook)

Printed in the United States of America

10 9 8 7 6 5 4 3 2 1

# A Princess CAN!

By Apple Jordan

Illustrated by Francesco Legramandi
and Gabriella Matta

Random House 🏠 New York

Today is game day.
Merida has to play
a new sport.

She is afraid
she will not win.

Her father helps
her practice.

# She can do it!

The first game starts.
Merida throws the ball
far.

She does not win.
But Merida is happy.
She tried her best.

# Merida did it!

Rapunzel loves
to draw and paint.

The King asks Rapunzel
to paint a mural.
It is a big job.
She can do it!

# First she draws.

Then she paints.

Rapunzel works hard.

At last the mural is done.

The King loves it!
The Queen loves it!
The whole kingdom
loves it!

# Rapunzel did it!

Tiana owns a café.

She is the boss.

Tiana is writing
a speech.
She will talk to kids
about her café.

Tiana practices,
and practices,
and practices.

On the big day,
Tiana is scared.
She can do it!

# Tiana did it!